Inhalt

Vorwort	5
Origamipapiere	6
Regeln	7
Gegenknick	8

Grundform I 10

Schwan	10
Baby Schwan	12
Baby Affe	13
Pfau	14
Pinguin	16
Wald	18
Elefant	20
Baby Hund	22
Piratenmaske	22
Ornament	24

Grundform II 25

Mühle	26
Ornament	27
Engelfisch	28

Grundform III 30

Hut	30
Goldfisch	31

Grundform IV 32

Dampfer	32
Nikolaus	33
Tischdekorationen	34
Bilderrahmen	35

Grundform V 36

Vase	37
Schmetterling	38
Ballon	40
Aquarium	41

Grundform VI 42

Veilchen	43
Rose	44
Sternförmige Dose	46
Lilie	48
Frosch	50
Krebs	52
Seerose	54
Kraniche	56

Grundform VII 57

Fliegender Kranich	58
Stehender Kranich	59
Brütender Kranich	60
Sterne	62
Stern A	63
Stern B	64
Hase	66
Teufelsmaske	68
Fuchsmaske	72
Wüste	75
Kamel	76
Weihnachtsbaum	80

Motive aus verschiedenen Figuren 81

Stiefel	81
Sprechender Fisch	82
Affe	83
Briefkarten	86
Tischkarten	88

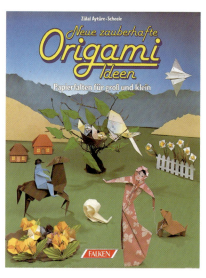

Nach dem großen Erfolg, den ich mit meinem Buch „Origami. Papierfalten für groß und klein" hatte, habe ich mich entschlossen, ihm ein zweites folgen zu lassen. Sie finden darin weitere wunderschöne Faltideen, deren Ausführung Ihnen sicherlich viel Freude machen wird.
„Neue zauberhafte Origami-Ideen"
Best.-Nr.: 17/0805

Vorwort

Origami ist die fast tausend Jahre alte japanische Kunst des Papierfaltens. In seinen Anfängen war Origami zunächst ein schöner Zeitvertreib am japanischen Kaiserhof. Im Laufe der Jahrhunderte wurde Origami auch außerhalb des Kaiserhofes bekannt, verbreitete sich rasch und wurde so zur Volkskunst. Im japanischen Alltag ist die Kunst des Papierfaltens bei Kindern, Eltern und Großeltern heute noch genauso lebendig und beliebt wie vor vielen hundert Jahren. Aber auch außerhalb Japans ist Origami kein fremdes Wort mehr, und immer mehr Menschen, Kinder und Erwachsene, begeistern sich für diese Kunst.
Aus bunten Papieren werden ohne Hilfsmittel kunstvolle Figuren gefaltet — Tiere, Masken, Blumen, Festtagsschmuck. Es macht riesigen Spaß, zu sehen, wie ein Stück Papier nur durch Falten in eine hübsche Blume oder ein buntes Tier verwandelt wird. Origami erfordert Konzentration, regt die Phantasie an und schult die Fingerfertigkeit.
Origami kann auch von praktischem Nutzen sein. Figuren können zu einem bunten Mobile für ein Kinderzimmer zusammengestellt werden oder zu einem farbenprächtigen Blumenstrauß für den Geburtstagstisch. Ein lustiges Vergnügen für die Faschingsparty sind selbstgefaltete Masken.
In diesem Buch stelle ich 38 typische Origami-Figuren vor, die aus sieben verschiedenen Grundformen gefaltet werden.
Viel Spaß und Entdeckerfreude mit Origami.

Zülal Aytüre-Scheele

Origami-Papier

In Japan gibt es ein großes Angebot unterschiedlichster Origami-Papiere. Sie sind gemustert, zweifarbig, einfarbig, eine Seite gemustert oder farbig — die andere Seite weiß. Es gibt große Bögen, die man sich auf die gewünschte Größe zuschneiden kann, und kleinere Bögen, die gleich ein geeignetes Format für viele Origami-Figuren haben. Die Papiere gibt es in den unterschiedlichsten Stärken und Qualitäten.

Um original japanisches Origami-Papier zu bekommen, muß man allerdings nicht erst bis nach Japan fahren. Diese Papiere gibt es auch in Deutschland in vielen Schreibwarengeschäften.

Man kann die Figuren aber auch aus anderen Papieren falten, beispielsweise eignen sich viele Geschenkpapiere und Bastelbögen dazu. Beim Kauf sollte nur darauf geachtet werden, daß das Papier streichfest ist, also beim Falten nicht reißt, daß es sich nicht dehnt und nicht wellig wird. Am besten eignen sich daher dünne Papiere für das Papierfalten.

Der Einkauf der Papiere, das Auswählen der Farben und Muster für die einzelnen Figuren macht bereits Spaß. Wer ein wenig Erfahrung im Papierfalten hat, wird merken, daß die richtige Wahl des Papiers sehr viel Gefühl für Origami erfordert und eine Kunst für sich ist.

Wenn in diesem Buch für bestimmte Figuren besondere Papiere notwendig sind, werden zusätzliche Erklärungen dazu gegeben.

Regeln

Vorweg einige Regeln, die beim Papierfalten beachtet werden sollten:

1. Die Figuren stets auf einer glatten und flachen Unterlage falten.

2. Die Papiere immer ganz genau abmessen und sauber ausschneiden.

3. Die angegebenen Knicke sehr sorgfältig ausführen (mit dem Daumennagel die Knicke scharf nachziehen).

4. Zuerst immer die Grundform falten, zu der die Figur gehört. Es ist ratsam, das Buch von vorne nach hinten durchzuarbeiten, weil die Figuren zum Teil auf anderen Figuren basieren.

5. Die einzelnen Arbeitsschritte sind nie isoliert zu betrachten, sondern müssen immer im Zusammenhang mit dem Arbeitsschritt davor und dem danach gesehen werden.

6. Mißlingt eine Faltung — oder gar eine ganze Figur — nicht ungeduldig werden. In diesem Falle alle Schritte noch einmal sorgfältig durchgehen und prüfen, ob irgendein Wort oder Pfeil übersehen worden ist und ob die Faltrichtungen genau beachtet wurden.

Gegenknick

Der Gegenknick ist die am häufigsten vorkommende Faltung, die außerdem am Anfang die meisten Schwierigkeiten bereitet. Deshalb ist es ratsam, einige Fingerübungen zu dieser einen Faltung zu machen, ehe man darangeht, die ersten Figuren nachzufalten. Die Zeit, die man hierfür aufwendet, ist sicherlich nicht vertan, denn je besser man den Gegenknick beherrscht, um so schöner werden später die gefalteten Figuren.

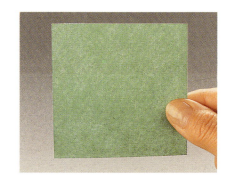

1. Ausgangsform ist ein quadratisches Papier, das einmal . . .

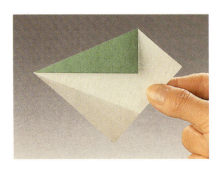

2. . . . in der Diagonalen vorgefaltet wird. Die linke obere und untere Kante auf den diagonalen Knick falten.

3. Das Papier in der Mitte zusammenfalten, so daß die weiße Seite innen bleibt. An der gestrichelten Linie . . .

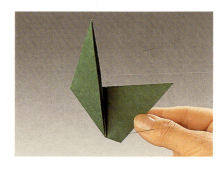

4. . . . die linke Spitze nach oben falten.

5. Wieder entfalten, die Form von unten öffnen . . .

6. . . . und an den durch Schritt 4 entstandenen Knicken die linke Spitze . . .

7. . . . nach außen wenden, so daß die bei Schritt 8 gezeigte Figur entsteht. Diese Faltung bezeichnen wir als Gegenknick.

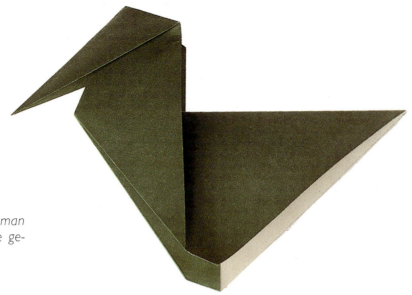

Mit dieser Fingerübung hat man schon eine erste einfache Ente gefaltet.

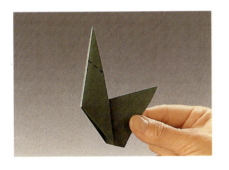

8. Die Faltung feststreichen. An der Hilfslinie...

9. ...die obere Spitze nach links falten.

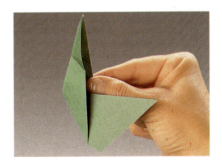

10. Die Faltung wieder rückgängig machen, und die Spitze etwas öffnen.

11. An den entstandenen Knicken die Spitze...

12. ...über das darunterliegende Papier nach...

13. ...links falten.

GRUNDFORM I

Schwan

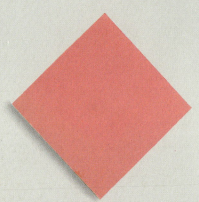

1. Ausgangsform ist ein quadratisches Blatt Papier.

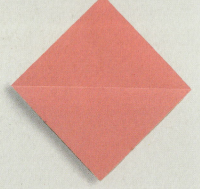

2. Diagonal in der Mitte vorfalten.

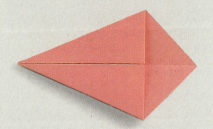

3. Zwei Nachbarkanten an diesen Knick anlegen und falten. Das ist Grundform I.

1. Mit Grundform I beginnen. Die Form in der Mitte zusammenklappen, wobei die gefalteten Kanten innen bleiben.

2. An der gestrichelten Linie das Papier nach oben falten; desgleichen auf der Rückseite.

3. Die linke Spitze an der Markierung nach oben . . .

4. . . . falten und wieder entfalten.

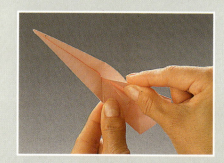

5. Die Form von unten her öffnen.

6. Den linken Teil der Form am entstandenen Knick . . .

7. ... nach oben falten. An der vorgegebenen Linie die Spitze nach ...

11. An den Hilfslinien zwei ...

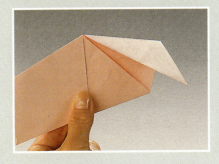

15. ... vorfalten und am Knick ...

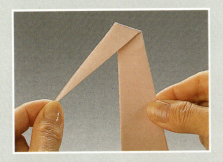

8. ... links falten und wieder entfalten.

12. ... parallele Knicke machen.

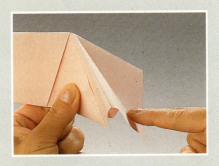

16. ... nach innen falten.

9. Den oberen Teil der Spitze öffnen.

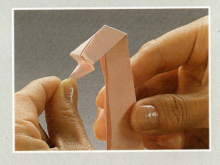

13. Das Papier am ersten Knick nach innen, am zweiten nach außen falten.

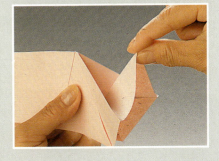

17. Die Spitze des Schwanzes etwas nach oben ziehen, in der Mitte nach innen drücken und falten.

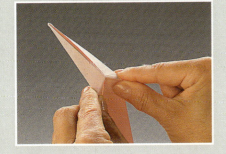

10. Die Spitze am entstandenen Knick nach links falten.

14. Den Schwanz an der angegebenen Linie ...

18. Der Schwan ist fertig.

II

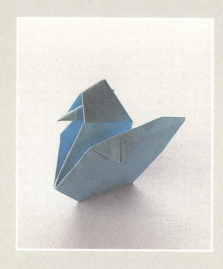

Baby Schwan

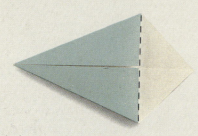

1. Ausgangspunkt ist Grundform I (Seite 10). Das weiße Dreieck an der Markierung...

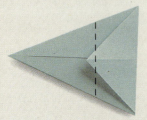

2. ...nach links falten. An der gestrichelten Linie...

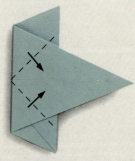

3. ...die linke Spitze nach rechts falten. Anschließend die linke obere und untere Kante...

4. ...auf die waagerechte Mittellinie falten.

5. Die Form in die Hand nehmen, von der unteren Seite her öffnen...

6. ...und die Flügel zusammenklappen.

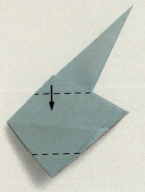

7. Das Papier an der oberen Markierung falten; auf der Rückseite wiederholen. An der unteren Markierung nur vorfalten.

8. An der gestrichelten Linie knicken...

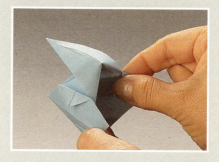

9. ...die Spitze öffnen und an den Knicken nach links falten.

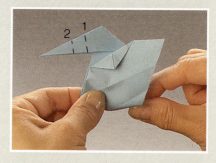

10. Die Form am unteren Knick öffnen, das kleine Dreieck nach innen drücken. Den Kopf an der ersten (1) Markierung nach innen...

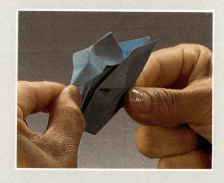

11. ...an der zweiten (2) nach außen falten. Der Baby Schwan ist fertig.

Baby Affe

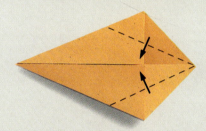

1. Mit Grundform I (Seite 10) beginnen. Die rechte obere und untere Kante . . .

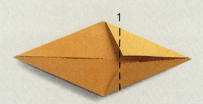

2. . . . auf die waagerechte Mittellinie falten. An der ersten (1) gestrichelten Linie . . .

3. . . . die rechte Spitze nach links falten, an der zweiten (2) . . .

4. . . . nach rechts falten. Den rechten Teil der Form an der unteren Hilfslinie . . .

5. . . . nach oben falten und das entstehende Dreieck . . .

6. . . . glattstreichen. Das gleiche an der oberen Hilfslinie wiederholen.

7. . . . Die Form in der Mitte zusammenklappen.

8. . . . Die linke Spitze an der gestrichelten Linie . . .

9. . . . nach oben falten. Die linke Seite der Form öffnen . . .

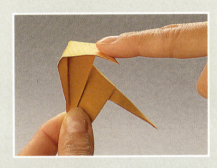

10. . . . die obere Spitze in der Mitte leicht eindrücken, nach unten ziehen und flachdrücken.

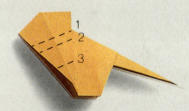

11. . . . An den Linien drei Knicke machen. Das Papier am ersten Knick nach innen, am zweiten nach außen, am dritten nach innen falten . . .

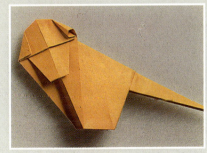

12. . . . Die rechte und linke obere Ecke nach vorne falten, runden; den Schwanz nach oben falten.

Pfau

4. ... nach links falten. Die obere Hälfte an der Mittellinie nach unten falten.

5. Die linke Spitze an der Hilfslinie ...

Das Papier

A Ein kleines Blatt Papier für den Körper (z. B. 10 cm im Quadrat)

Der Körper

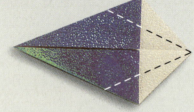

1. Aus Papier A Grundform I (Seite 10) arbeiten. An den Markierungen ...

6. ... vorfalten.

2. ... die rechte obere und untere Kante auf die waagerechte Mittellinie falten. Die Form umdrehen.

7. Die Spitze von unten öffnen ...

B Für den Schwanz ein viermal größeres Blatt als Papier A (z. B. 20 cm im Quadrat)

 C Ein sehr kleines Papier für die Krone (z. B. 3 cm im Quadrat)

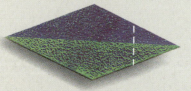

3. Die rechte Spitze an der gestrichelten Linie ...

8. ... und am entstandenen Knick nach oben falten.

9. Die obere Spitze an der angegebenen Linie knicken.

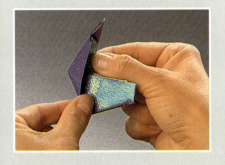

10. Die Spitze öffnen.

11. Das Papier am entstandenen Knick nach links falten.

12. Das ist der fertige Körper.

Der Schwanz

1. Papier B verwenden und wie eine Harmonika falten.

2. In der Mitte zusammenklappen.

3. Den Körper in der Mitte des Fächers anbringen und die innenliegenden Kanten des Fächers zusammenkleben.

Die Krone

1. Papier C nehmen und wie eine Harmonika falten.

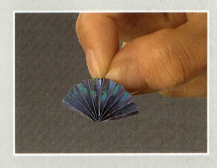

2. In der Mitte falten und die inneren Kanten zusammenkleben.

3. Die Krone hinter den Kopf des Pfaus kleben.

15

Pinguin

5. Die Form in der Mitte zusammenklappen.

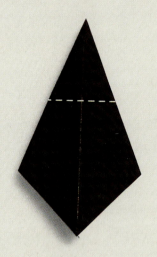

1. Mit Grundform I (Seite 10) beginnen. Rechten und linken Flügel an den gestrichelten Linien ...

3. Die obere Spitze an der angegebenen Linie ...

6. Die obere Spitze ...

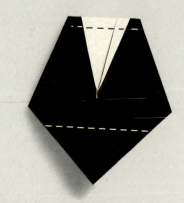

2. ... nach außen falten. Die Form umdrehen.

4. ... nach unten falten. Untere und obere Spitze an den Markierungen nach oben falten.

7. ... nach rechts ziehen. Durch Flachdrücken die Faltung festigen.

16

8. Die obere Spitze an der vorgegebenen Linie . . .

11. Die Spitze am selben Knick nach außen wenden.

14. Die Flügel an der Hilfslinie nach links falten. Dasselbe auf der Rückseite wiederholen.

9. . . . nach links falten.

12. An den gestrichelten Linien zwei parallele Knicke machen.

15. Den rechten vorderen Teil der Figur an der Markierung nach innen falten. Die Figur umdrehen, und die Faltung auf der Rückseite wiederholen.

10. Die Falte öffnen.

13. Die Spitze am ersten Knick nach rechts, am zweiten Knick nach links falten.

16. Das ist der fertige Pinguin.

Wald

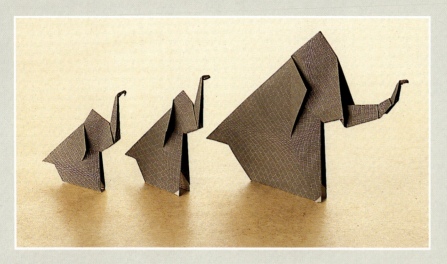

Elefant

1. Mit Grundform I (Seite 10) anfangen. Die rechte Ecke an der angegebenen Linie . . .

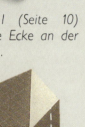

2. . . . nach links falten. Dieselbe Ecke an der Hilfslinie . . .

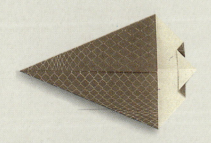

3. . . . wieder nach rechts falten. Die Form umdrehen.

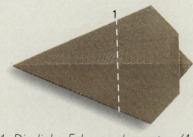

4. Die linke Ecke an der ersten (1) Hilfslinie . . .

5. . . . nach rechts, an der zweiten (2) . . .

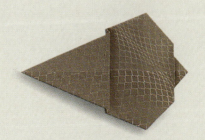

6. . . . nach links falten. Die Form in der Mitte zusammenklappen.

7. An der gestrichelten Linie knicken.

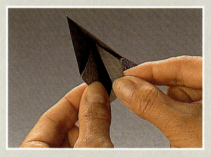

8. Form von unten etwas öffnen.

9. Das Papier am entstandenen Knick nach außen falten.

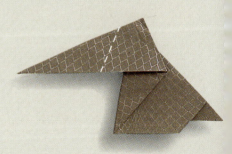

10. An der gestrichelten Linie vorfalten.

11. Die Kopfform von unten etwas öffnen, und . . .

15. . . . nach innen drücken. Auf der Rückseite das gleiche wiederholen.

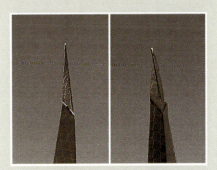

19. . . . die Rüsselspitze nach links knicken. Den oberen Teil der Spitze öffnen und . . .

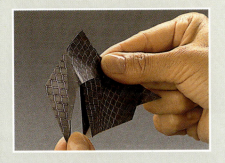

12. . . . die Spitze am entstandenen Knick nach innen falten.

16. An der Hilfslinie knicken, den Rüssel am Knick . . .

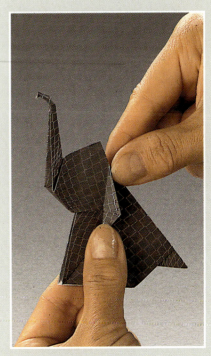

20. . . . nach links drücken, bis eine Rhombusform entsteht. Die Rhombusform feststreichen, und die Spitze nochmals nach innen falten.

13. An den angegebenen Linien scharf knicken.

17. . . . nach oben ziehen.

14. Das Papier öffnen und das durch die Faltung entstandene kleine Dreieck . . .

18. Den Rüssel flachdrücken und so die Form festigen. An der Markierung . . .

21. Die Ohren nach links falten. Der Elefant ist fertig.

21

Piratenmaske

1. Mit Grundform I (Seite 10) anfangen. Die rechte Ecke an der gestrichelten Linie . . .

Baby Hund

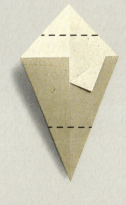

1. Mit Schritt 10 des Elefanten (Seite 20) beginnen. An den gestrichelten Linien zwei parallele Knicke machen.

3. Die linke Spitze an der Markierung nochmals nach innen falten.

2. . . . nach unten falten. An den Markierungen . . .

2. Die linke Spitze am rechten Knick nach innen, am linken nach außen falten.

4. Der Baby Hund ist fertig.

3. . . . die obere Spitze nach unten, die untere Spitze nach oben falten. An den Hilfslinien zwei parallele Knicke machen.

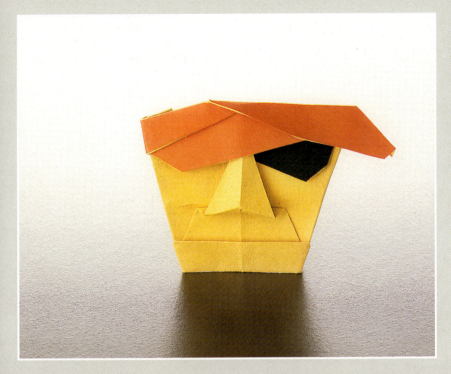

8. ... ebenfalls nach hinten falten. Das Tuch wird an der zweiten (2) Hilfslinie nach innen gefaltet ...

9. ... damit die Knoten entstehen.

4. Am unteren Knick nach innen, am oberen nach oben falten. Das ist der Mund. Für die Nase nochmals zwei parallele Knicke machen. An der oberen gestrichelten Linie ...

6. ... die linke Seite des Kopftuchs nach vorne klappen. An der Hilfslinie die rechte Seite des Kopftuchs nach unten falten. An der gestrichelten Linie die rechte Gesichtshälfte ...

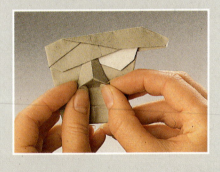

10. Die Nase formen.

5. ... den oberen Teil nach unten falten. Die Nase am unteren Knick nach unten, am oberen nach oben falten. Die Spitze der Augenklappe nach hinten umschlagen. An der Markierung ...

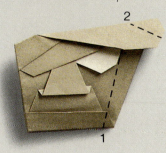

7. ... nach hinten falten. An der ersten (1) Markierung die linke Gesichtshälfte ...

11. Wenn die Augenklappe schwarz, das Kopftuch rot angemalt ist, ist die Piratenmaske fertig.

Ornament

GRUNDFORM II

3. Obere und untere Kante auf die waagerechte Mittellinie falten und wieder entfalten.

6. Die inneren unteren Ecken anheben und nach außen ziehen.

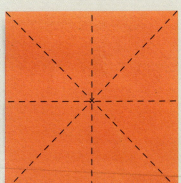

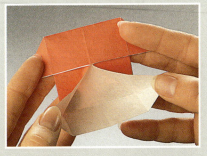

7. Die Unterkante der Form mit der waagerechten Mittellinie zur Deckung bringen.

1. Ein quadratisches Blatt Papier wird an den Hilfslinien vorgefaltet.

4. An den Hilfslinien . . .

5. . . . vorfalten.

8. Die Form um 180° drehen (auf den Kopf stellen) und die Schritte 6 und 7 wiederholen.

2. Rechte und linke Kante auf die senkrechte Mittellinie falten. Die weiße Seite des Papiers bleibt innen.

9. Das ist Grundform II.

Mühle

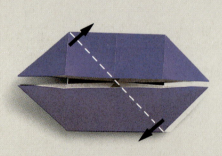

1. Mit Grundform II (Seite 25) anfangen. An der Hilfslinie ...

3. Die Mühle ist fertig.

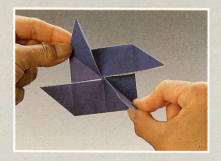

2. ... die linke obere Spitze nach oben, die rechte untere Spitze nach unten falten.

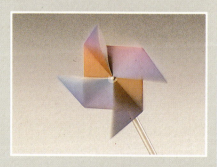

4. Man kann die Mühle mit einer kleinen Nadel an einem Stock befestigen. Pustet man, dreht sie sich.

Ornament

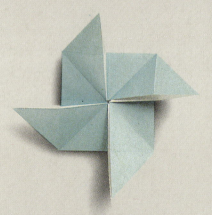

1. Ausgangsfigur ist die Mühle.

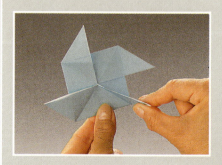

2. Eine der Spitzen senkrecht hochziehen ...

26

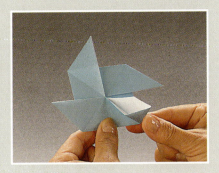

3. . . . öffnen . . .

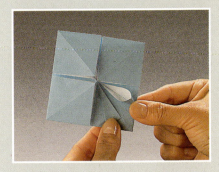

7. . . . öffnen . . .

9. Die vier Ecken der Figur an den gestrichelten Linien nach hinten falten.

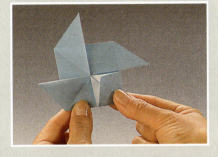

4. . . . auseinanderdrücken und falten. Dasselbe mit den drei anderen Spitzen wiederholen.

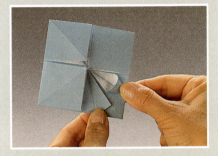

8. . . . auseinanderdrücken und falten. Dasselbe mit der linken Falte und den drei anderen Quadraten wiederholen.

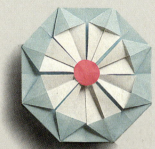

10. Ein rundes Stück Papier in die Mitte kleben.

5. Die inneren Kanten eines jeden kleinen Quadrates an den Hilfslinien auf den mittleren Knick vorfalten.

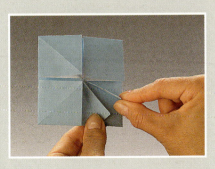

6. Die rechte Falte senkrecht hochziehen . . .

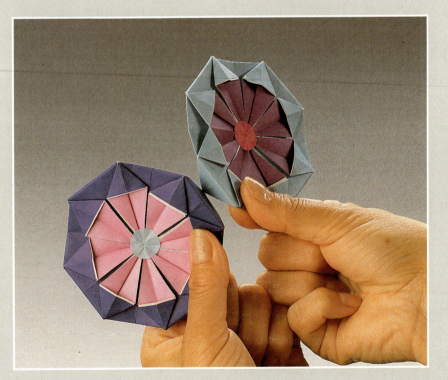

11. Sechs Medaillons mit den Ecken zusammenkleben. Das Ornament ist fertig.

27

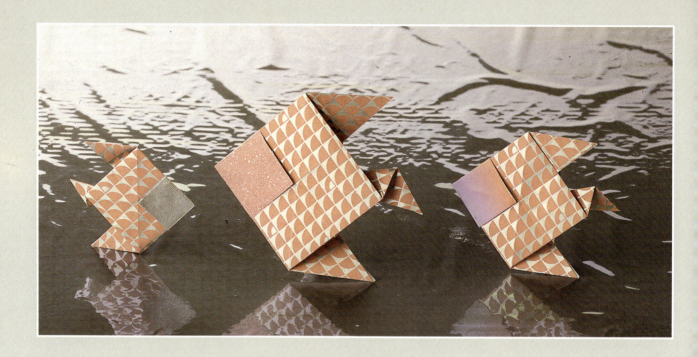

Engelfisch

Man benötigt ein quadratisches Blatt Papier. Soll der Mund des Fisches nicht weiß sein, muß man zwei gleich große farbige Papiere verwenden, die mit den weißen Seiten aufeinandergeklebt werden.

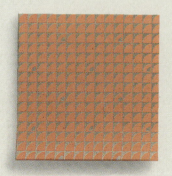

1. Das Papier an den Hilfslinien knicken.

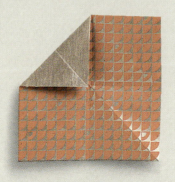

2. Die linke obere Ecke auf den Mittelpunkt falten. Die Form umdrehen.

3. Ab hier wird wie bei Grundform II (Seite 25) weitergearbeitet. Zuerst die rechte und linke Kante . . .

4. . . . auf die senkrechte Mittellinie falten, dann die obere und untere Kante . . .

5. . . . auf die waagerechte Mittellinie falten.

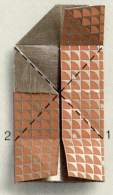

6. Die Faltungen wieder rückgängig machen. An der ersten (1) Hilfslinie . . .

7. . . . die linke untere Ecke nach rechts . . .

8. . . . an der zweiten (2) Hilfslinie (vgl. Schritt 6) die rechte untere Ecke nach links falten. Die beiden letzten Faltungen rückgängig machen.

9. Die inneren unteren Ecken anheben und nach außen ziehen.

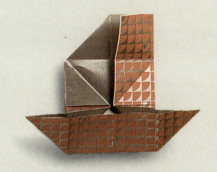

10. Die Unterkante mit der waagerechten Mittellinie zur Deckung bringen.

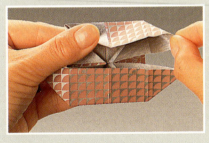

11. Die obere Spitze nach außen ziehen, dabei die Oberkante der Form auf die waagerechte Mittellinie bringen.

12. An den Hilfslinien nach unten falten.

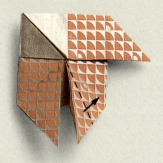

13. Die rechte untere Spitze entlang der Markierungslinie . . .

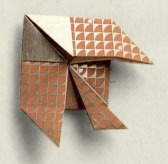

14. . . . nach rechts falten und die Figur umdrehen.

15. Der Engelfisch ist fertig.

29

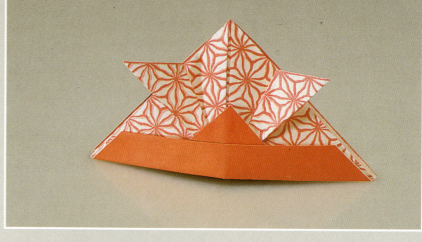

GRUNDFORM III

1. Ein quadratisches Blatt Papier . . .

2. . . . in der Diagonalen falten, wobei die weiße Seite innen bleibt.

3. An den gestrichelten Linien die linke und rechte Ecke nach unten falten.

4. Das ist Grundform III.

Hut

1. Mit Grundform III beginnen. Offene Spitze zeigt nach unten.

2. Die beiden Flügel der Vorderseite in der Mitte knicken und nach oben falten. An den vorgegebenen Linien . . .

3. . . . den rechten Flügel nach rechts, den linken Flügel nach links falten. An der ersten (1) Hilfslinie . . .

4. . . . die untere Spitze nach oben falten, an der zweiten (2) . . .

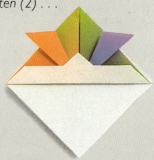

5. . . . das Papier nochmals nach oben falten. Der untere Teil des Papiers wird nach hinten gefaltet.

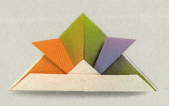

6. Der Hut ist fertig.

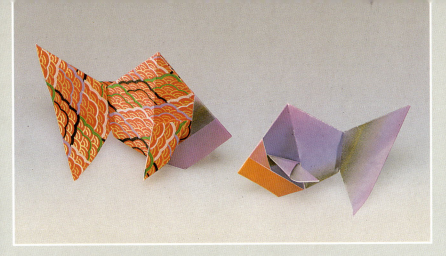

Goldfisch

1. Ausgangsfigur ist der Hut.

4. Die beiden Kanten unten rechts an der Markierung ...

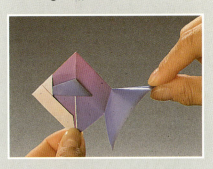

7. Die Figur öffnen.

2. Die Figur öffnen ...

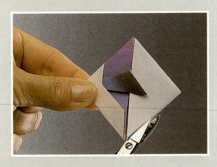

5. ... aufschneiden.

8. Den Schwanz von der oberen Ecke nach hinten ziehen und falten.

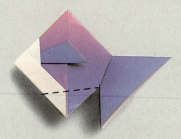

9. Die untere Kante an der Markierung nach innen falten; auf der Rückseite wiederholen.

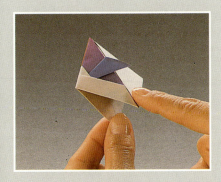

3. ... an beiden Seiten drücken und zusammenfalten.

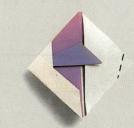

6. An der gestrichelten Linie scharf knicken.

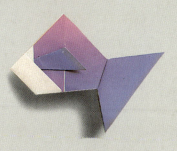

10. Der Goldfisch ist fertig.

Veränderung:
Man kann die Flosse nach unten falten und den Mund bemalen oder mit buntem Papier bekleben.

GRUNDFORM IV

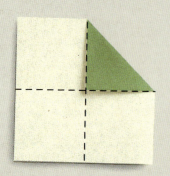

1. Ein quadratisches Papier zweimal in der Mitte vorfalten. Die vier Ecken . . .

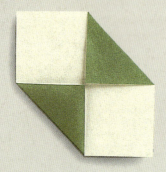

2. . . . auf den Mittelpunkt falten.

3. Das ist Grundform IV.

Dampfer

1. Mit Grundform IV anfangen. Die Form umdrehen.

2. Die vier Ecken . . .

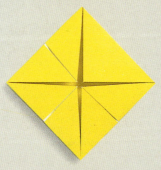

3. . . . auf den Mittelpunkt falten. Die Form wieder umdrehen.

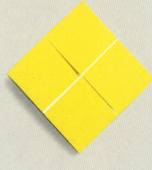

4. Die entstandenen vier Ecken wiederum . . .

5. . . . auf die Mitte falten. Die Form umdrehen.

6. Jetzt gibt es vier kleine Quadrate in einem großen Quadrat.

Nikolaus

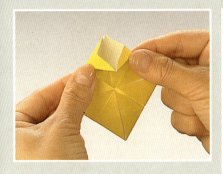

7. Eines der kleinen Quadrate öffnen und auseinanderdrücken.

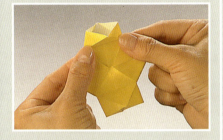

8. Dasselbe mit dem gegenüberliegenden Quadrat wiederholen. Das werden die beiden Schornsteine.

9. Die Ecken des dritten und vierten Quadrates, die am Mittelpunkt zusammenliegen, nach außen ziehen und dabei die beiden Schornsteine aufeinanderfalten.

10. Die Ringe an den Schornsteinen mit Buntstift aufmalen. Der Dampfer kann in See stechen.

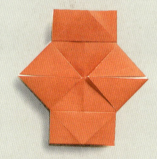

1. Mit Schritt 8 des Dampfers beginnen.

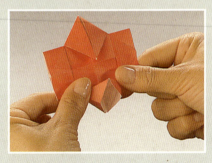

2. Ein weiteres Quadrat öffnen . . .

3. . . . und glattstreichen.

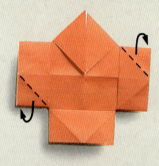

4. Das vierte Quadrat wird der Kopf. Die Arme an den gestrichelten Linien . . .

5. . . . nach innen falten.

6. Den Mantel schmücken, das Gesicht malen und einen Bart ankleben. Das ist der Nikolaus.

33

Tischdekoration

Bilderrahmen

1. Mit Schritt 8 des Dampfers (Seite 33) beginnen. Die noch geschlossenen kleinen Quadrate ebenfalls öffnen . . .

2. . . . und auseinanderdrücken. Die Form umdrehen.

3. Die vier Ecken, die am Mittelpunkt zusammenliegen, nach außen klappen.

4. Die Form umdrehen.

5. An jeder Seite befindet sich nun eine rechteckige Form. Eine Ecke einer rechteckigen Form . . .

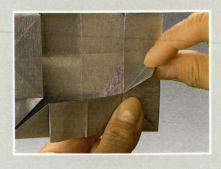

6. . . . senkrecht hochziehen . . .

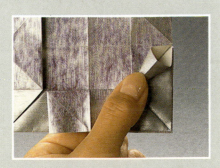

7. . . . öffnen und auseinanderdrücken.

8. Dasselbe mit der anderen Ecke dieses Rechtecks und den drei anderen rechteckigen Formen wiederholen. Der Bilderrahmen ist fertig. Man kann den Bilderrahmen verändern, indem man die vier Ecken an den Hilfslinien . . .

9. . . . nach hinten faltet. Dieser Bilderrahmen eignet sich gut zum Aufhängen.
Wenn man die Figur umdreht und die unteren Quadrate halb öffnet, läßt sich der Bilderrahmen sogar aufstellen.

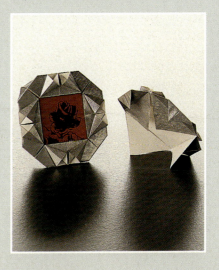

35

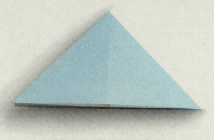

GRUNDFORM V

3. Das Papier in der Mitte falten, so daß die weiße Seite innen bleibt.

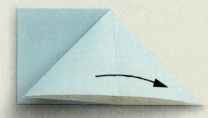

7. Die Falte glattstreichen. Den entstandenen linken Flügel . . .

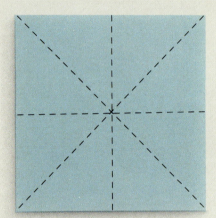

1. Ein quadratisches Blatt Papier zweimal in der Mitte und zweimal diagonal falten . . .

4. Die rechte Hälfte des Papiers senkrecht hochziehen . . .

8. . . . nach rechts falten.

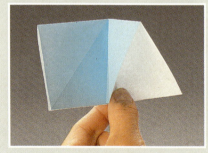

5. . . . öffnen . . .

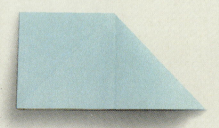

9. Die Schritte 3—6 mit der linken Hälfte der Figur wiederholen.

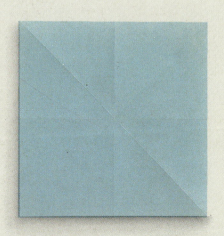

2. . . . damit die eingetragenen Knicke entstehen.

6. . . . und auseinanderdrücken.

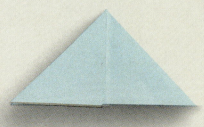

10. Das ist Grundform V.

Vase

3. Den oberen Teil des Flügels an der Markierungslinie ...

4. ... nach hinten und innen falten.

1. Mit Grundform V beginnen. Die Spitze zeigt nach unten. An der ersten (1) Hilfslinie ...

2. ... den linken vorderen Flügel nach rechts und an der zweiten (2) nach links falten.

5. Den rechten vorderen Flügel an der ersten (1) Hilfslinie nach links, an der zweiten (2) nach rechts falten.

6. Schritte 3 und 4 anschließen. Die Figur umdrehen, und das Ganze auf der Rückseite wiederholen.

7. An der gestrichelten Linie einen scharfen Knick machen.

8. Die Vase öffnen. Dem Boden mit Hilfe der Vorfaltungen seine quadratische Form geben.

9. Das ist die Vase.

37

Schmetterling

Zwei gleich große quadratische Papiere mit unterschiedlicher Musterung werden zusammengeklebt und wie ein Blatt Papier behandelt.

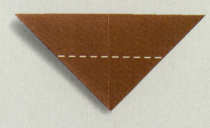

1. Ausgangsfigur ist Grundform V (Seite 36). Die Spitze der Form zeigt nach unten.

2. Die untere Spitze an der gestrichelten Linie nach oben falten. Die Form umdrehen.

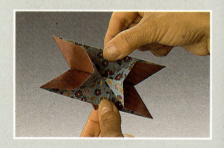

3. Den vorderen Teil der Form öffnen.

4. Die Spitzen der beiden inneren Flügel auf die waagerechte Mittellinie bringen und flachdrücken.

5. Die Form an beiden Flügeln weiter öffnen bis zur gestrichelten Linie und flach drücken.

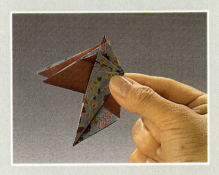

9. . . . Die Form in der Mitte zusammenklappen. An den Hilfslinien . . .

13. An den Hilfslinien . . .

6. Den unteren Teil an der Markierung bis zur Mitte hin . . .

10. . . . die Flügel nach oben falten und glattstreichen, damit scharfe Knicke entstehen. Das ist der einfache Schmetterling.

14. . . . die beiden oberen Flügelspitzen nach unten falten.

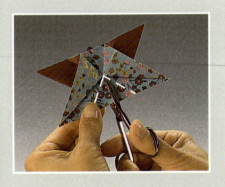

7. . . . einschneiden. Die entstandenen Ecken an den angegebenen Linien . . .

11. Für den komplizierten Schmetterling die Form wieder öffnen und umdrehen. An der gestrichelten Linie . . .

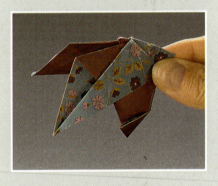

15. Die Figur in der Mitte zusammenklappen.

8. . . . nach rechts bzw. links falten.

12. . . . die obere Spitze nach unten falten. Die Figur wieder umdrehen.

16. Die Figur wieder öffnen. Mit Hilfe der Vorfaltungen dem Körper eine plastische Form geben, so daß er sich von den Flügeln unterscheidet. Der Schmetterling ist fertig.

Ballon

5. Obere vordere Spitzen an den Hilfslinien . . .

6. . . . nach unten falten. An den angegebenen Linien scharf knicken.

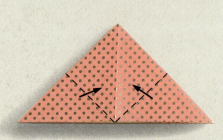

1. Mit Grundform V (Seite 36) beginnen. Die Spitze zeigt nach oben. Die beiden vorderen Flügel an den Markierungen . . .

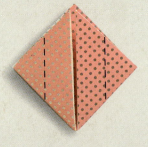

3. Dasselbe auf der Rückseite wiederholen. Die Form an der waagerechten Mittellinie vorfalten. Rechte und linke vordere Ecke an den gestrichelten Linien . . .

7. Die oberen Dreiecke in die unteren Dreiecke stecken. Dasselbe auf der Rückseite wiederholen.

2. . . . nach oben falten.

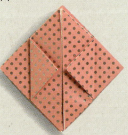

4. . . . auf den Mittelpunkt falten; desgleichen auf der Rückseite.

8. Durch das Loch an der unteren Spitze den Ballon kräftig aufblasen.

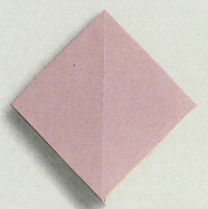

GRUNDFORM VI

1. Ein quadratisches Blatt Papier wird an den gestrichelten Linien viermal in der Mitte gefaltet, so daß vier scharfe Knicke entstehen.

2. Diagonal in der Mitte falten. Die weiße Seite bleibt innen.

3. Die rechte Hälfte des Papiers senkrecht hochziehen . . .

4. . . . öffnen und . . .

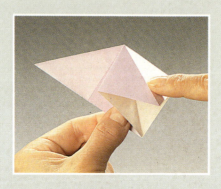

5. . . . flachdrücken.

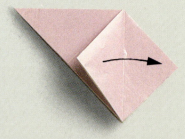

6. Die Falte feststreichen. Den linken Flügel . . .

7. . . . nach rechts falten.

8. Die Schritte 3—7 mit der linken Hälfte der Figur wiederholen.

9. Das ist Grundform VI.

42

Veilchen

5. Dasselbe auf der Rückseite wiederholen. An der Markierung scharf knicken.

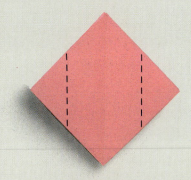

1. Ausgangsfigur ist Grundform VI. Die offene Ecke zeigt nach oben. Rechte und linke vordere Ecke an den Hilfslinien . . .

3. Dasselbe auf der Rückseite wiederholen. An den Markierungen . . .

6. Den oberen Teil der Figur öffnen.

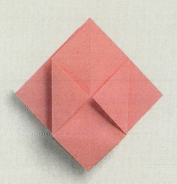

2. . . . auf die Mitte falten.

4. . . . rechte und linke untere vordere Kante auf die Mittellinie falten.

7. Das Veilchen ist fertig.
Die Blüte erhält einen Stengel, indem man sie an einem dünnen Draht befestigt. Aus farbigem Papier kann man Samen formen und in der Mitte der Blüte anbringen.

Rose

Die Rose ist eine Kombination aus den Grundformen IV und VI.

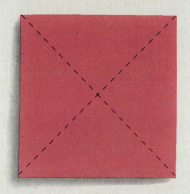

1. Ein großes, quadratisches Papier (z.B. 24 cm Kantenlänge) zweimal diagonal vorfalten.

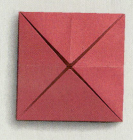

3. Die vier Ecken des neuen Quadrates wiederum auf den Mittelpunkt falten.

5. ... die vier Ecken, die am Mittelpunkt zusammenliegen, nach außen falten. Die Ecken liegen dann auf der Mitte der Außenkanten. Ab hier wird Grundform VI angeschlossen. Die Form wie ein quadratisches Blatt Papier behandeln. An den Markierungslinien zwei scharfe Knicke machen.

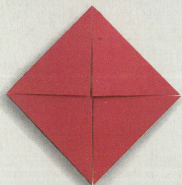

2. Die vier Ecken auf den Mittelpunkt falten. Die weiße Seite des Papiers bleibt innen.

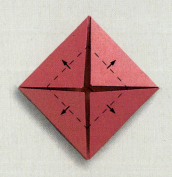

4. Zum dritten Mal die Ecken des entstandenen Quadrates auf den Mittelpunkt falten. An den Hilfslinien ...

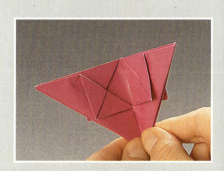

6. Die Form diagonal in der Mitte falten (Die Falten bleiben außen!).

7. Die rechte Hälfte des Papiers senkrecht hochziehen ...

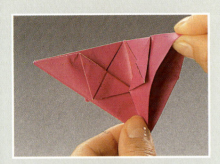

8. ... öffnen ...

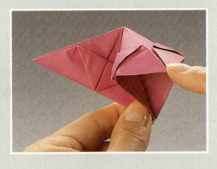

9. ... auseinanderdrücken und die Falten feststreichen.

10. Den entstandenen linken Flügel ...

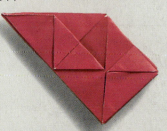

11. ... nach rechts falten. Die Figur umdrehen. Die Faltungen ab Schritt 7 wiederholen.

12. Das ist die fertige Grundform VI.

13. Die Figur mit vier Fingern an den vier unteren Spitzen festhalten.

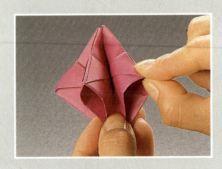

14. Die vier Schlitze runden.

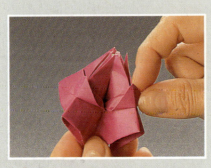

15. Äußere Blätter leicht nach oben wölben.

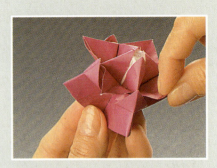

16. Mittlere Blätter öffnen.

17. Ebenso mit den inneren Blättern verfahren.

18. Die Rose ist fertig.
Die offenen Spitzen an einem Stengel befestigen. Den Stengel mit grünem Kreppapier umwickeln.

Sternförmige Dose

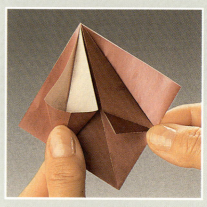

5. ... und flachdrücken.

1. Mit Grundform VI (Seite 42) beginnen. Die offene Ecke zeigt nach oben. Die beiden oberen Flügel an den Hilfslinien ...

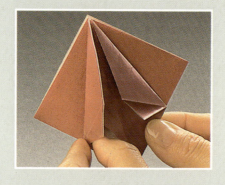

3. Einen Flügel senkrecht hochziehen ...

6. Die Falte feststreichen.

2. ... auf die Mittellinie falten. An den gestrichelten Linien scharf knicken.

4. ... öffnen ...

7. Dasselbe mit dem anderen Flügel wiederholen. Die Form umdrehen und die Schritte 2—6 auf dieser Seite wiederholen. An der Markierung ...

46

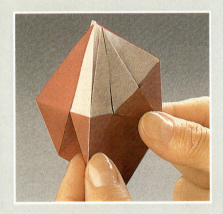

8. ... die beiden oberen äußeren Flügel nach hinten innen umschlagen.

11. Die vordere Spitze nach vorne unten, die hintere Spitze nach hinten unten falten. Die Falten feststreichen.

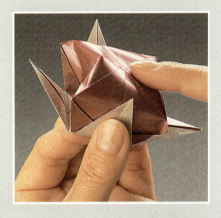

14. Mit Hilfe der Vorfaltungen dem Boden eine quadratische Form geben.

9. Die Falten feststreichen, die Form umdrehen und Schritt 8 wiederholen.

12. Linke und rechte obere Spitze vorsichtig auseinanderziehen, und die sternförmige Dose langsam öffnen.

15. Die Kanten ebenfalls feststreichen.

10. An den gestrichelten Linien zwei scharfe Knicke machen.

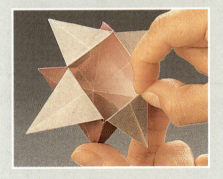

13. Die oberen vier Kanten der Dose feststreichen.

16. Das ist die fertige Dose.

Lilie

5. Die Falten feststreichen. Die Form an der waagerechten Mittellinie knicken.

6. Rechte und linke obere Kante der Drachenfigur auf die senkrechte Mittellinie falten und wieder öffnen.

1. Mit Grundform VI (Seite 42) beginnen. Die offene Ecke zeigt nach oben. An den Hilfslinien scharf . . .

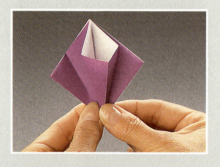

3. . . . den Flügel öffnen . . .

7. Die Drachenfigur etwas öffnen.

2. . . . knicken. Rechten vorderen Flügel senkrecht hochziehen . . .

4. . . . und auseinanderdrücken, so daß die senkrechten Mittellinien deckungsgleich sind und eine Drachenfigur entsteht.

8. Die Ecken der Drachenfigur nach innen auf die Mittellinie drücken, so daß sich auch die Papierkanten an der Mittellinie berühren.

48

9. Die Falten feststreichen. Das kleine Dreieck an der waagerechten Mittellinie nach oben falten.

13. Die Form umdrehen und die Schritte 2—12 mit der anderen Hälfte der Form wiederholen. Wir haben nun vier gleiche Seiten in Rhombusform.

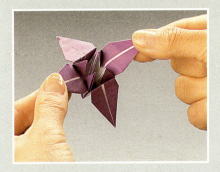

17. Rechte und linke obere Spitze nach außen ziehen.

10. Den kleinen linken Flügel . . .

14. Rechte und linke untere Kante der vorderen Seite an den gestrichelten Linien auf die Mitte falten.

18. Das ist eine Iris.

11. . . . nach rechts falten.

15. Schritt 14 mit den drei anderen Flügeln wiederholen. An der vorgegebenen Linie scharf knicken.

19. Wenn alle vier Blütenblätter mit einem Stift von der Spitze nach außen gebogen werden . . .

12. Die Schritte 2—11 mit der linken vorderen Seite wiederholen.

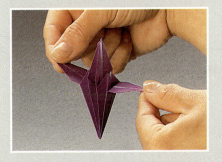

16. Vordere Spitze und hintere Spitze vorsichtig nach außen ziehen.

20. . . . wird es eine Lilie.

49

Frosch

1. Mit Schritt 9 der Lilie (Seite 48/49) anfangen. Die offene Spitze muß hier aber nach unten zeigen.

3. Die Schritte 1 und 2 mit den übrigen drei Flügeln wiederholen. Rechte und linke untere Kante des vorderen Flügels an den gestrichelten Linien . . .

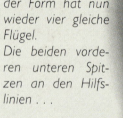

5. Dasselbe mit den anderen drei Flügeln wiederholen. Linke Hälfte des vorderen Flügels nach rechts falten.

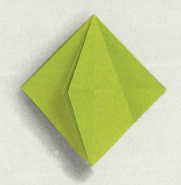

2. Den kleinen rechten Flügel an der Mittellinie nach links falten.

4. . . . auf die senkrechte Mittellinie falten.

6. Dasselbe auf der Rückseite wiederholen. Jede Hälfte der Form hat nun wieder vier gleiche Flügel.
Die beiden vorderen unteren Spitzen an den Hilfslinien . . .

7. . . . nach oben falten und wieder entfalten.

8. Den ersten und zweiten rechten Flügel öffnen.

9. Die Spitze an dem entstandenen Knick nach oben falten und durch Flachdrücken der Form die Faltung festigen.

10. Dasselbe mit der linken Spitze wiederholen. Das werden die Vorderbeine des Frosches.

11. Nun werden die Vorder- und Hinterbeine an den angegebenen Linien geformt. Hier ein Beispiel:

12. An der gestrichelten Linie knicken.

13. Die Falte öffnen.

14. Am selben Knick die Spitze nach außen wenden. Mit den anderen Knicken ebenso verfahren.

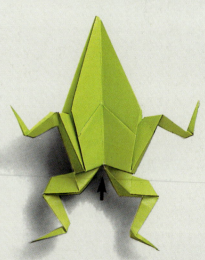

15. Den Frosch durch das Loch zwischen den Hinterbeinen kräftig aufblasen und umdrehen.

16. Der Frosch ist fertig. Die Augen kann man aufmalen oder aufkleben.

5. ... bis sich die senkrechte Mittellinie des Flügels in Höhe der waagerechten Mittellinie der Form befindet.

Krebs

1. Mit Schritt 10 der Lilie (Seite 48/49) beginnen.

3. ... die linke vordere Spitze nach links falten und wieder entfalten.

6. Den linken Flügel wieder zusammenklappen und das gleiche mit dem vorderen rechten Flügel wiederholen. Die Spitze des kleinen Dreiecks an der Markierungslinie auf den Mittelpunkt falten.

2. Dasselbe mit den anderen drei Flügeln wiederholen. Das obenliegende kleine Dreieck an der waagerechten Mittellinie nach unten falten. An der Hilfslinie ...

4. Den Flügel von außen öffnen, und die Spitze nach unten ziehen ...

7. Das Dreieck an der waagerechten Mittellinie weiter nach oben falten. Scheren und Hinterbeine an den Hilfslinien knicken. Wie weiter geformt wird, zeigt das folgende Beispiel:

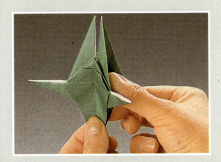

8. Rechte Schere öffnen.

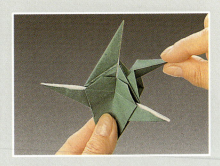

9. Am Knick die Spitze nach innen wenden. Mit den anderen Knicken ebenso verfahren.

11. An den gestrichelten Linien scharf knicken.

12. Die beiden kleinen Spitzen in der Mitte etwas öffnen. Das werden die Augen.

15. Am oberen Knick die Spitze des Dreiecks nach innen falten. Den unteren Teil der Form an der mittleren Markierung nach oben, dann an der unteren nach unten falten.

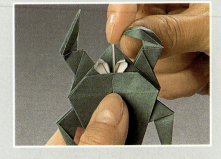

13. Die Spitzen der Scheren von den Knicken an zur entgegengesetzten Seite runden.

16. Die Figur umdrehen.

10. An den gestrichelten Linien in gleicher Weise wie Schritt 7—9 falten.

14. Die Form umdrehen.

17. Der Krebs ist fertig.

53

Seerose

1. Ein dünnes, großes, quadratisches Papier eignet sich am besten (z.B. Seidenpapier mit einer Kantenlänge von 24 cm). Das Papier an den Hilfslinien vorfalten.

2. Nun die Ecken jeweils auf die Mitte der entstandenen Knicke falten, und die Seiten an diesen Knicken weiter zur Mitte umschlagen. Die vier Ecken . . .

3. . . . erneut auf die Mitte falten. An den Markierungen zwei Knicke machen . . .

4. Die Form diagonal in der Mitte falten.

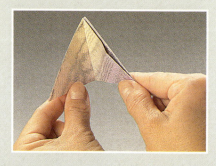

5. Die rechte Hälfte der Form senkrecht hochheben.

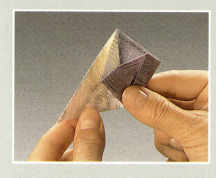

6. Die Falte öffnen und auseinanderdrücken.

7. Den entstandenen linken Flügel . . .

8. . . . nach rechts falten.

9. Die Schritte 5—8 mit der linken Hälfte wiederholen.

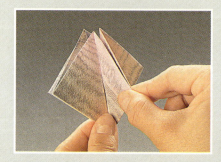

10. Den rechten vorderen Flügel senkrecht hochziehen . . .

54

11. ... öffnen und auseinanderdrücken.

12. Das Papier an der waagerechten Mittellinie knicken.

13. Rechte und linke obere Kante der Drachenfigur auf die senkrechte Mittellinie falten und wieder öffnen.

14. Die Drachenfigur etwas öffnen.

15. Rechte und linke Ecke der Drachenfigur nach innen an die Mittellinie drücken.

16. Das kleine Dreieck an der waagerechten Mittellinie ...

17. ... nach oben falten. Anschließend den kleinen linken Flügel ...

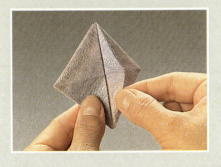

18. ... nach rechts falten. Die Schritte 9—17 mit den übrigen drei Flügeln wiederholen.

19. Die vordere Spitze nach vorne, die hintere Spitze nach hinten falten ...

20. ... dann rechte und linke Spitze nach unten ziehen.

21. Die Figur an der oberen Spitze greifen, untere offene Spitze nach oben drehen, äußere Blätter formen.

22. Nun die innenliegenden Blätter öffnen und formen.

55

Kraniche

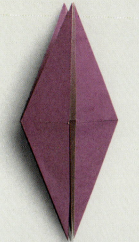

GRUNDFORM VII

3. ... die obere Ecke nach unten falten.

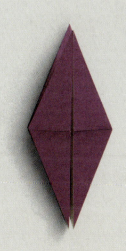

7. ... nun die rechte und linke Ecke der Drachenfigur nach innen auf die Mittellinie drücken.

4. Die letzten drei Faltungen wieder entfalten.

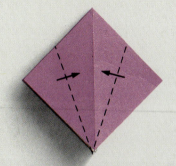

1. Mit Grundform VI (Seite 42) anfangen. Die offene Spitze zeigt nach unten. An den gestrichelten Linien ...

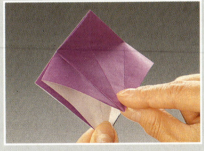

5. Oberen Flügel der unteren Spitze langsam öffnen.

8. Die Faltung feststreichen und die Form umdrehen. Das gleiche ab Arbeitsschritt 2 auf dieser Seite wiederholen.

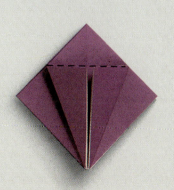

2. ... die rechte und linke untere Kante des oberen Flügels auf die senkrechte Mittellinie falten. An der Markierung ...

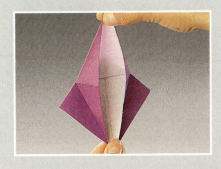

6. Untere Spitze so weit wie möglich hochziehen ...

9. Grundform VII ist fertig.

57

Fliegender Kranich

5. Die Spitze an dem entstandenen Knick nach innen falten. Das ist der Kopf.

1. Ausgangspunkt ist Grundform VII (Seite 57). Die offene Spitze zeigt nach unten.

3. ... nach oben falten und das gleiche auf der Rückseite wiederholen.

6. Die Flügel von der Spitze her mit einem Bleistift nach unten einrollen und ihnen ihre Form geben.

2. Die linke Hälfte des vorderen Flügels nach rechts falten. Das gleiche auf der Rückseite wiederholen. Die untere Hälfte des vorderen Flügels ...

4. Obere linke und rechte Spitze seitlich etwas herausziehen. Durch Flachdrücken der Form die Faltung festigen. Die linke Spitze an der gestrichelten Linie knicken.

7. Der Kranich bewegt seine Flügel, wenn man ihn, wie gezeigt, festhält und vorsichtig am Schwanz zieht.

Stehender Kranich

5. Untere Spitze hochziehen und am enstandenen Knick nach oben falten.

1. Mit Grundform VII (Seite 57) beginnen. Die offene Spitze zeigt nach unten.

3. Die Form an den gestrichelten Linien scharf knicken.

6. Die Form zusammendrücken.

7. Dasselbe auf der rechten Seite wiederholen. Anschließend die rechte Spitze nach unten ziehen.

2. Rechte und linke untere Kante an den Hilfslinien auf die Mittellinie falten. Auf der Rückseite wiederholen.

4. Die beiden Flügel der linken Seite auseinanderziehen und öffnen.

8. Die Spitze flachdrücken und die Figur an den Flügeln vorsichtig auseinanderziehen.

59

Brütender Kranich

3. ... bis zur oberen Spitze ziehen. Desgleichen auf der Rückseite. Den vorderen Flügel so nach unten falten ...

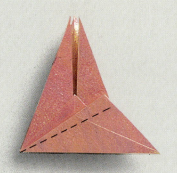

4. ... daß dessen linke Kante auf der unteren Kante der Form liegt. Den Flügel an der Markierungslinie ...

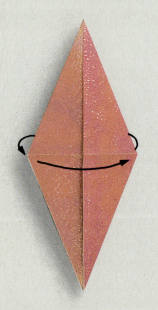

1. Mit Grundform VII (Seite 57) anfangen. Die offene Spitze zeigt nach unten. Den linken Flügel ...

2. ... nach rechts falten. Auf der Rückseite das gleiche wiederholen. Untere vordere Spitze ...

5. ... wieder nach oben falten. Die linke Kante des Flügels liegt genau auf der linken Kante des Dreiecks. An der Hilfslinie ...

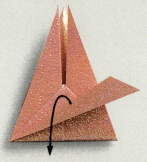

6. ... wieder nach unten falten. Den vorderen Flügel nach unten legen ...

9. ... nach oben falten. An der Hilfslinie ...

12. ... nach innen falten. An der Markierung die linke Spitze scharf knicken.

7. ... und an der Markierung nach oben falten.

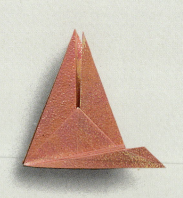

10. ... zum letzten Mal nach unten falten.

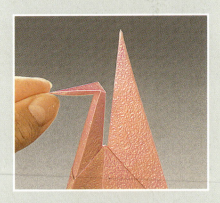

13. Die Spitze an dem entstandenen Knick nach links falten.

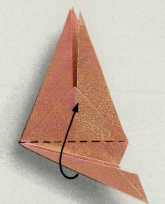

8. Den vorderen Flügel an der gestrichelten Linie ...

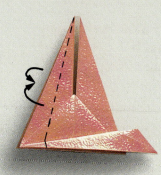

11. Die Schritte 4—10 auf der Rückseite wiederholen. Allerdings wird der Flügel dann nach links gefaltet. Die linke Hälfte der Figur öffnen, und an der gestrichelten Linie ...

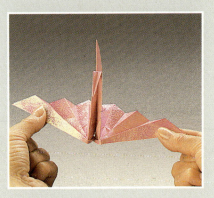

14. Nun die beiden Flügel vorsichtig auseinanderziehen.
Der brütende Kranich ist fertig.

61

Sterne

Stern A

1. Mit Grundform VII (Seite 57) beginnen. Die offene Spitze zeigt nach oben.

2. Die vordere untere Spitze auf die obere Spitze falten. Die Form umdrehen.

3. An den gestrichelten Linien die oberen Spitzen...

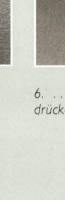

4. ... nach rechts bzw. links falten und gleich wieder entfalten.

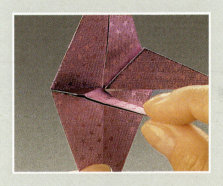

5. Den linken Flügel senkrecht hochziehen ...

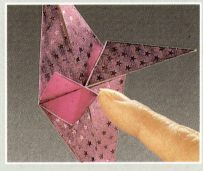

6. ... öffnen und auseinanderdrücken.

7. Dasselbe mit dem rechten Flügel wiederholen.

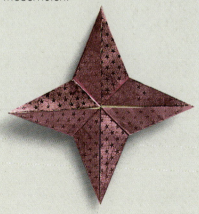

8. Klebt man drei Sterne aufeinander, so erhält man Stern A.

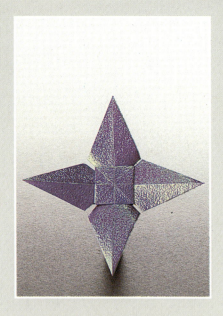

Stern B

1. Ausgangspunkt ist Grundform VII (Seite 57). Die offene Spitze zeigt nach unten.

3. Die untere Spitze an der waagerechten Mittellinie nach oben falten. Die Flügel wieder zusammenklappen.

6. Die Form in die Hand nehmen. (Vorderen und hinteren Flügel an den Ecken zusammenhalten.)

4. Dasselbe mit der rechten Hälfte der Form wiederholen. An den gestrichelten Linien . . .

7. Die Flügel langsam auseinanderziehen . . .

2. Die beiden Flügel der linken Hälfte öffnen.

5. . . . die unteren Kanten auf die senkrechte Mittellinie falten; desgleichen auf der Rückseite.

8. . . . bis eine quadratische Form in der Mitte entsteht.

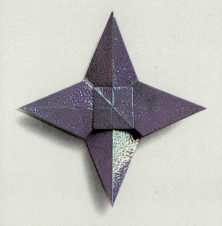

9. Die Falten feststreichen. Die Form umdrehen.

12. ... das Papier öffnen und flachdrücken.

15. Die Falten öffnen. Das Papier von der Spitze her langsam öffnen.

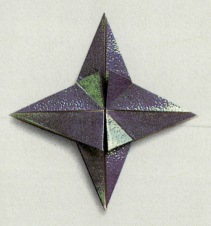

10. Eines der vier kleinen Dreiecke ...

13. Dasselbe mit den anderen Dreiecken wiederholen. An den gestrichelten Linien ...

16. Die Ecken von außen nach innen drücken. Dasselbe mit den anderen Dreiecken wiederholen. Die Figur umdrehen.

11. ... senkrecht hochziehen ...

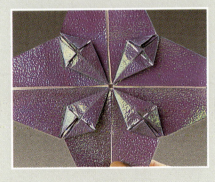

14. ... die kurzen Kanten auf die Mitte falten. An den Markierungen knicken.

17. Das ist Stern B.

65

Hase

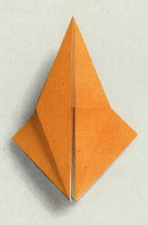

1. Mit Schritt 7 der Grundform VII (Seite 57) anfangen. Die Form umdrehen.

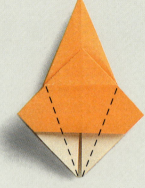

3. ... die untere Spitze des vorderen Flügels nach innen falten. An den gestrichelten Linien ...

5. An der gestrichelten Linie ...

6. ... die unteren Spitzen nach oben falten.

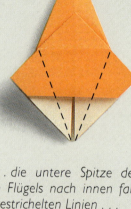

7. Die Form in der Mitte zusammenklappen, so daß die beiden Spitzen außen bleiben. Nun die Figur so drehen, daß die Spitzen nach rechts zeigen. Anschließend die beiden Spitzen in der Mitte ...

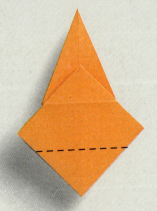

2. An der Markierung ...

4. ... rechte und linke untere Kante nach hinten falten. Die Form umdrehen.

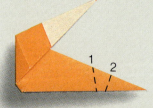

8. ... leicht nach oben ziehen und die Form zusammendrücken. An den Hilfslinien scharf knicken.

9. Die Spitze am ersten Knick (1) nach innen ...

10. ... am zweiten (2) nach außen falten.

11. Das Papier an der Hilfslinie knicken.

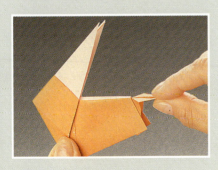

12. Am entstandenen Knick wird der Schwanz nochmals nach unten gefaltet.

13. Die Ohren an den Markierungen ...

14. ... nach unten falten. Die Ecken unterhalb des Schwanzes an der gestrichelten Linie vorfalten.

15. Nun die Ecken an den entstandenen Knicken nach innen falten.

16. Die Falten an den Ohren öffnen ...

17. ... und die Spitzen nach vorne falten.

18. An den Markierungen hinter den Ohren kleine, scharfe Knicke machen.

19. Die Ohren wieder öffnen. Der Hase ist fertig.

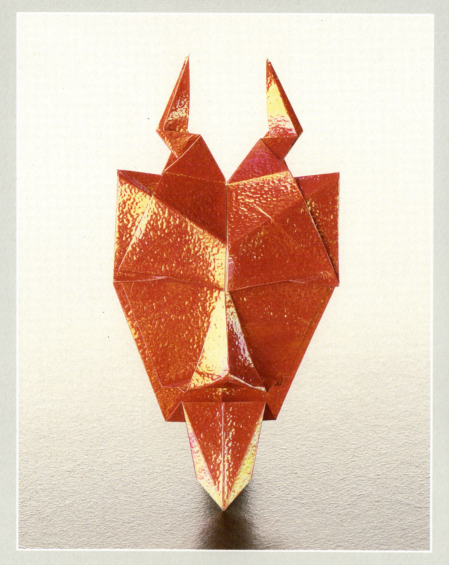

Teufelsmaske

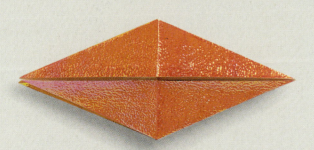

1. Mit Grundform VII (Seite 57) anfangen. Die offene Spitze zeigt nach links. Die beiden Spitzen, die an der linken Seite liegen . . .

2. . . . auseinanderziehen bis . . .

3. . . . das Papier ganz glatt ist.

4. Die Form umdrehen. An den gestrichelten Linien die beiden . . .

5. ...abstehenden Spitzen in der Mitte zusammendrücken und...

6. ...von oben bis nach unten zur Auflagefläche hin feststreichen.

7. Das Papier in der Mitte falten.

8. An den Markierungen zwei parallele Knicke machen.

9. Vordere Flügel am oberen Knick nach innen oben, am unteren nach außen unten falten. Untere vordere Spitze an der gestrichelten Linie...

10. ...nach oben falten. An den Markierungen zwei parallele Knicke machen.

11. Am unteren Knick nach unten, am oberen Knick nach oben falten. Das ist die Nase. Am unteren Dreieck zwei parallele Knicke machen. Das wird der Mund. Für die Augenbrauen die beiden mittleren Ecken an den Hilfslinien...

69

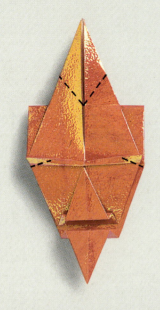

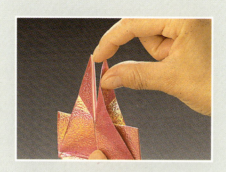

14. Die beiden letzten Faltungen wieder rückgängig machen, die Spitzen öffnen . . .

15. . . . und die Ohren am entstandenen Knick nach innen falten.

17. Den Bart ein bißchen öffnen . . .

12. . . . nach oben falten. Rechte und linke Ecke der Augenbrauen an den gestrichelten Linien wieder nach unten falten. Für den Mund das Papier am oberen Knick nach oben, am unteren Knick nach unten falten. Die beiden oberen Spitzen an den Markierungen . . .

13. . . . nach rechts bzw. links falten.

16. Die Spitzen werden an den Hilfslinien in der derselben Art und Weise (Schritt 13—15) nochmals nach oben gefaltet. Die Form umdrehen.

18. . . . und wieder flachdrücken.

70

19. Die Form in der Mitte zusammenklappen, und das Papier an den gestrichelten Linien . . .

21. Den oberen Teil des Gesichts an den entstandenen Knicken nach innen falten und wieder öffnen.

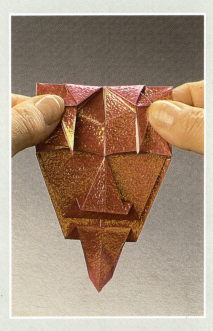

23. . . . die Spitzen nochmals nach vorne falten und entfalten.

20. . . . vorfalten.

22. An den Hilfslinien . . .

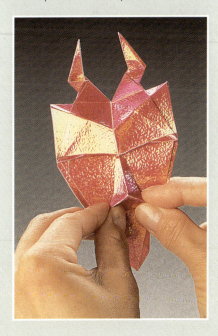

24. Die Nase formen und die Teufelsmaske ist fertig.

71

Fuchsmaske

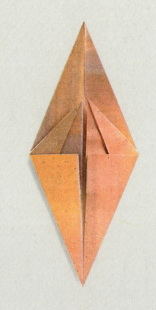

3. ... die unteren Kanten auf die senkrechte Mittellinie falten.

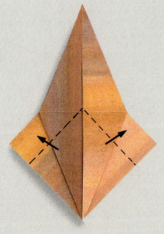

1. Mit Schritt 7 der Grundform VII (Seite 57) beginnen. An den gestrichelten Linien ...

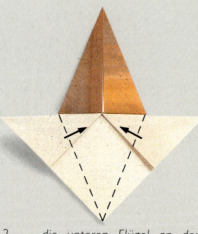

2. ... die unteren Flügel an der waagerechten Mittellinie nach rechts bzw. links falten. An der Markierung ...

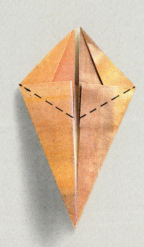

4. Die obere Spitze an der waagerechten Mittellinie nach hinten falten. An den Hilfslinien ...

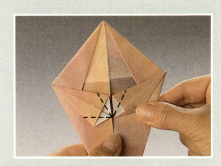

8. An den angegebenen Linien die kurzen Kanten der kleinen Drachenfiguren jeweils auf die Mittellinie falten.

11. . . . und die kurzen Kanten nach innen an die Mittellinie drücken.

5. . . . die beiden Ecken in der Mitte nach unten falten . . .

6. . . . wieder entfalten und die kleinen Dreiecke senkrecht hochstellen.

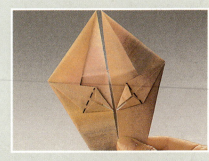

9. An den Markierungen zwei Knicke machen.

12. An der Markierungslinie . . .

7. Die Dreiecke öffnen und auseinanderdrücken, so daß kleine Drachenfiguren entstehen.

10. Schritte 8 und 9 wieder rückgängig machen. Die Drachenfiguren in der Mitte etwas öffnen . . .

13. . . . die untere vordere Spitze nach oben falten. An den gestrichelten Linien . . .

73

14. ... untere und mittlere Spitze nach links falten und ...

15. ... wieder entfalten. Nun die beiden Spitzen an den Markierungen ...

16. ... nach rechts falten.

17. Diese Faltungen ebenfalls rückgängig machen und die vordere Spitze wieder nach oben falten.

18. Die Spitzen hochheben, in der Mitte zusammendrücken und ...

19. ... bis zur Auflagefläche hin feststreichen.

20. Die Figur in der Mitte zusammenklappen.

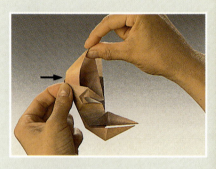

21. Die Ecken nach innen drücken und die Ohren öffnen.

22. Das ist die fertige Fuchsmaske.

Wüste

Kamel

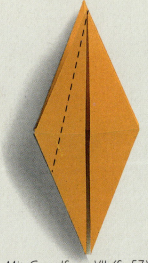

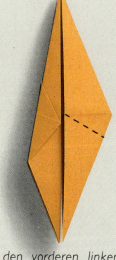

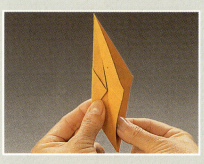

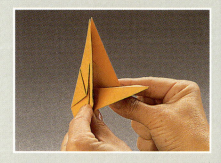

1. Mit Grundform VII (S. 57) beginnen. Die offene Spitze zeigt nach unten. An der gestrichelten Linie...

2. ...den vorderen linken Flügel nach vorne, den hinteren nach hinten falten. An der Markierungslinie...

3. ...die untere rechte Spitze nach oben falten. Anschließend entfalten.

4. Die beiden Flügel der rechten Hälfte öffnen...

5. ...am entstandenen Knick die untere Spitze wieder nach oben falten.

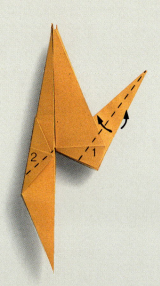

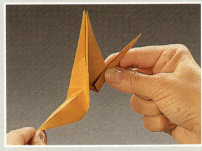

8. ... und die linke untere Spitze am entstandenen Knick nach oben falten.

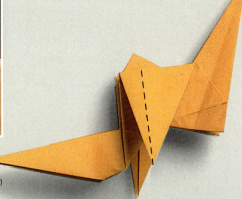

6. An der ersten Hilfslinie (1) den vorderen Teil des rechten Flügels nach links vorne, den hinteren Teil nach links hinten falten. An der zweiten Hilfslinie (2) einen scharfen Knick machen.

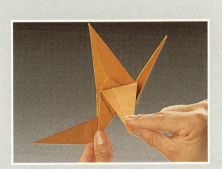

9. An der gestrichelten Linie ...

11. Die Faltungen der rechten Spitze wieder öffnen. Den mittleren Flügel an der gestrichelten Linie ...

12. ... nach rechts falten und das entstandene Dreieck festdrücken.

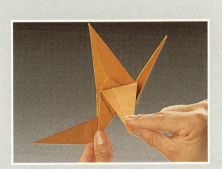

10. ... die oberen Spitzen nach vorne bzw. hinten falten.

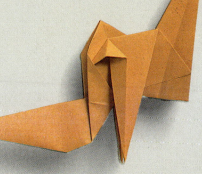

7. Nun die beiden Flügel der linken Papierhälfte öffnen ...

13. Das gleiche auf der Rückseite wiederholen. Das werden die Vorderbeine.

77

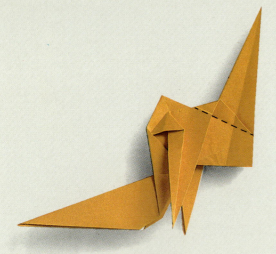

14. An der Markierungslinie einen scharfen Knick machen.

17. ... nach links vorne, den hinteren Teil nach links hinten falten. An der Hilfslinie (vgl. Schritt 16) die linke Spitze nach oben falten ...

20. An der gestrichelten Linie die linke Spitze scharf knicken.

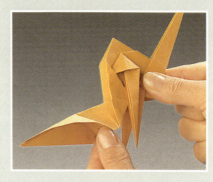

15. Das Vorderbein anheben. An der Markierung die obere Ecke nach innen drücken.

18. ... wieder entfalten und die Spitze öffnen.

21. Die Spitze öffnen ...

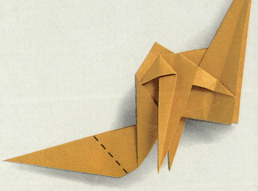

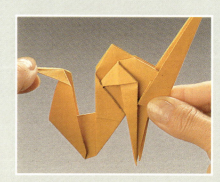

16. Anschließend den vorderen Teil des rechten Flügels ...

19. Das Papier am entstandenen Knick nach oben falten.

22. ... und das Papier am entstandenen Knick nach links falten.

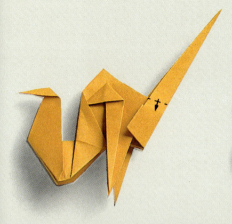

23. Die Spitze ein wenig nach innen falten. An der Markierung nun die rechte Spitze knicken.

26. An den Hilfslinien zwei parallele Knicke machen.

29. Das Kamel ist fertig.

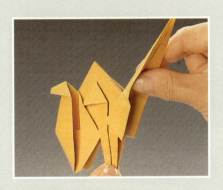

24. Den Flügel öffnen . . .

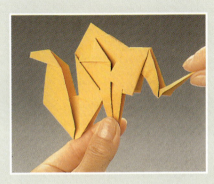

27. Den Flügel öffnen. Am ersten Knick die Spitze nach oben . . .

30. Soll das Kamel sitzen, müssen die Vorderbeine an den gestrichelten Linien nach rechts, die Hinterbeine nach links gefaltet werden.

25. . . . und am selben Knick das Papier nach innen falten.

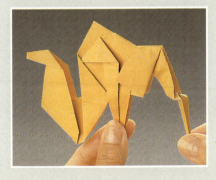

28. . . . am zweiten nach unten falten. Das werden die Hinterbeine.

31. So sieht das sitzende Kamel aus.

Stiefel

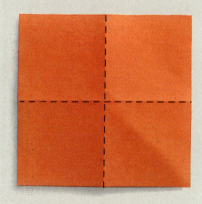

1. Man benötigt ein rechteckiges Blatt Papier, das 0,5 cm breiter als hoch sein muß. Das Papier an den Hilfslinien vorfalten und umdrehen, daß die weiße Seite oben liegt!

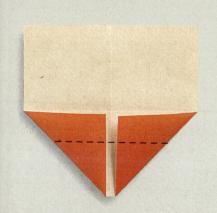

2. Die beiden unteren Ecken auf die waagerechte Mittellinie falten. An der Markierung . . .

3. . . . die untere Spitze nach oben falten. An der gestrichelten Linie die Spitze wieder nach unten falten. An der Markierungslinie . . .

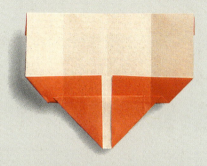

4. . . . die obere Kante nach hinten falten. Rechte und linke Außenkante auf die senkrechte Mittellinie falten und wieder entfalten.

5. Die linke Hälfte nach rechts falten.

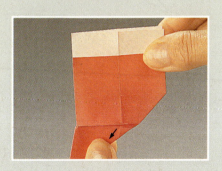

6. Anschließend die untere Spitze ein bißchen nach links ziehen, und die neue Falte feststreichen.

7. An der Hilfslinie die vordere Seite des Papiers . . .

8. . . . nach innen falten.

9. Den rechten Teil des Papiers nach links falten.

10. Der Stiefel ist fertig.

81

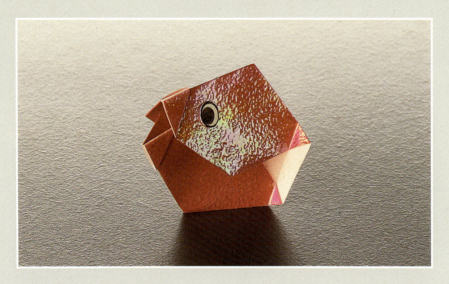

Sprechender Fisch

1. Man benötigt ein rechteckiges Blatt Papier. Die Breite muß weniger als die Hälfte der Länge betragen. An der gestrichelten Linie knicken.

4. Die Form umdrehen. Die Spitzen an den Hilfslinien . . .

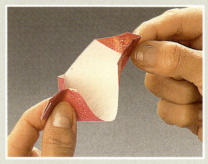

7. Die Form an beiden Enden anfassen und vorsichtig ein Ende in das andere legen.

2. Das Papier mit der farbigen Seite nach unten legen. Alle vier Ecken an den Markierungen . . .

5. . . . nach rechts bzw. links falten.

8. Die Form mit zwei Fingern an den Enden festhalten und von unten an den mittleren Knick drücken.

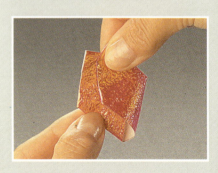

9. Die beiden unteren Kanten der Figur aufeinanderlegen und die Form glattstreichen.

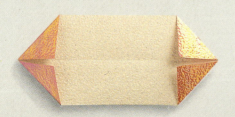

3. . . . auf die Mittellinie falten.

6. Die Form in der Mitte zusammenklappen. Die weiße Seite des Papiers ist innen.

10. Augen aufmalen oder ankleben; vom Schwanz auf beiden Seiten ein kleines Stück umfalten. Der Fisch spricht, wenn man den Schwanz an beiden Seiten etwas auseinanderzieht.

82

Affe

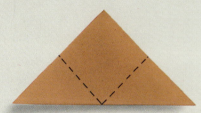

1. Man benötigt ein dreieckiges Blatt Papier. Am einfachsten erhält man diese Ausgangsform, indem man ein quadratisches Papier an der Diagonalen teilt. An den gestrichelten Linien knicken.

3. ... obere rechte und linke Kante auf die senkrechte Mittellinie falten und wieder entfalten.

5. ... den linken Teil der linken Hälfte am entstandenen Knick nach innen falten.

2. Rechte und linke untere Ecke auf die obere Ecke falten. An den Markierungen ...

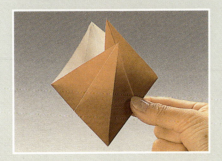

4. Die linke Hälfte der Form öffnen ...

6. Die linke Hälfte des Papiers wieder zusammenklappen.

83

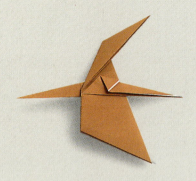

7. Schritt 4—6 mit der rechten Hälfte der Form wiederholen.

10. Die längste Kante zeigt nach rechts. Die obere Spitze nach rechts vorfalten.

13. ... den rechten Arm vorfalten, den linken Arm nach oben falten. Am obersten Knick des Kopfes das Papier nach innen, am zweiten nach außen, am dritten wieder nach innen falten.

8. Die Form in der Mitte zusammenklappen; dabei bleibt die geschlossene Seite des Papiers innen. An der Markierung den oberen Flügel nach rechts ...

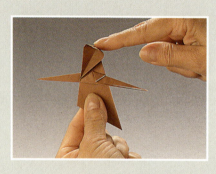
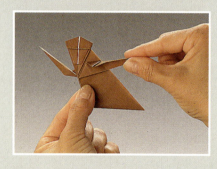

11. Die Spitze öffnen und nach links unten falten. Das wird der Kopf.

14. Den linken Arm von unten etwas öffnen.

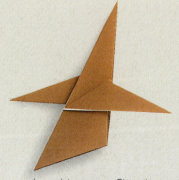

9. ... den hinteren Flügel nach links falten. Das werden die Arme. Die Arme in der Mitte halbieren, indem der obere Teil in der Mitte nach unten gefaltet wird. Die Form umdrehen.

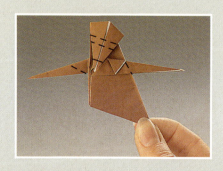
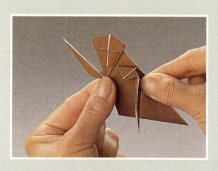

12. An den Markierungen am Kopf drei parallele Knicke machen. An den angegebenen Linien ...

15. Den unteren Teil des Arms am Knick nach innen falten.

16. Den linken Arm in gleicher Weise falten.

19. Die Spitze etwas nach rechts ziehen und flachdrücken. Die Spitze nochmals nach innen falten.

22. Die Faltung rückgängig machen und die Spitze öffnen.

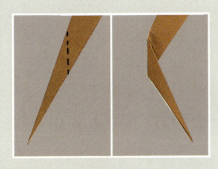

17. Die Spitze des linken Arms an der gestrichelten Linie nach rechts falten und wieder entfalten.

20. Die rechte Hand wird genauso gefaltet. Rechte und linke Ecke des Kopfes an den Markierungen falten. Die untere Spitze der Figur an der gestrichelten Linie . . .

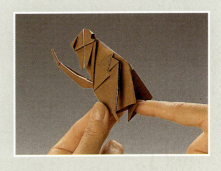

23. Die Spitze am entstandenen Knick nach innen falten.

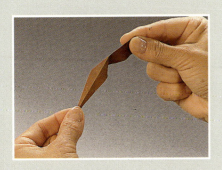

18. Den unteren Teil der Spitze bis zum Knick öffnen; es entsteht eine Rhombusform.

21. . . . nach links falten.

24. Die Ohren runden. Der Affe ist fertig.

Briefkarten

Schmetterling Seite 38/39

Sterne Seite 64/65

Phantasie-Modell zur Anregung

Baby Affe Seite 13

Veilchen Seite 43

Bilderrahmen Seite 35

Pfau Seite 14/15

Tischkarten

ISBN 3 8068 0756 6

© 1993 by Falken-Verlag GmbH,
65527 Niedernhausen/Ts.
Titelbild: Fotostudio Burock
Fotos: Fotostudio Burock
Studio Peter Borsche
Satz: TypoBach, Wiesbaden
Druck: Karl Neef GmbH & Co.,
Wittingen

02075685X161 514 131 2

Die Verwertung der Texte und Bilder, auch auszugsweise, ist ohne Zustimmung des Verlags urheberrechtswidrig und strafbar. Dies gilt auch für Vervielfältigungen, Übersetzungen, Mikroverfilmung und für die Verarbeitung mit elektronischen Systemen.

Im FALKEN Verlag sind zum Thema Origami noch weitere Titel erschienen:
„Neue zauberhafte Origami Ideen" (Nr. 805)
„Zauberwelt Origami" (Nr. 1045)
„Origami" (Nr. 280)
„Faszinierende Origami Tierwelt" (Nr. 4514)